Elfi Fitz

Die einfachen Dinge, von denen ich lebe

99 Gedichte im Jahreslauf

Ich lebe

Ein Jahr ist ein Blick
und mein Leben ein Hauch
im Kreislauf der Sonnen und Sterne.
Ich lebe zum Glück,
denn so reise ich auch
ein Stück durch die endlose Ferne.

Januar

Hab nach Krokussen gegraben,
wollt ein bißchen Frühling haben
ein paar Wochen vor der Zeit,
daß sich dran mein Herz erfreut.
Pflanzte sie in eine Schale,
goß sie sorgsam viele Male.
Als die grünen Spitzen trieben,
fing ich schon an, sie zu lieben.

Blauer Krokus, der mir blühte,
war so klein und blaß und müde,
daß ich nun betroffen denk:
Ein erbetteltes Geschenk.

Drang

Ich hab den Garten aufgegeben,
in den ich Illusionen säte,
weil unentwegt das wahre Leben
die kleinen zarten Blumen schmähte,
die schon das Tageslicht verdarb,
daß eine nach der andren starb.

Das Leben pfiff auf meine Pläne
und zeigte mir ein andres Bild:
Genormte Landschaft als Domäne,
in der der Rat des Geldes gilt.
Doch in die kleinen freien Räume
pflanz ich schon wieder meine Träume.

Geburtstag

Wieder eines mehr an Jahren,
immer noch zu unerfahren.
Älter- (was heißt „alt genug"?)
und noch lange lang nicht klug.

Wieder eine Sprosse weiter
unten auf der Lebensleiter.
Jahr verbangt, verhofft, vertan.
Pfeif drauf, eins fängt wieder an.

Die Großmutter

Ich trag aus meiner Kinderzeit
ein schönes Bild in mir:
Ein Blitz zerriß die Dunkelheit,
da ging sie ans Klavier.

Als gleich darauf der Donner kam
und wie ein Drache schrie
und mich die Angst gefangennahm,
erklang die Melodie.

Ich fühlte, daß ein Kampf begann,
und der entschied sich bald.
Das Lied vom roten Sarafan
verdrängte die Gewalt.

Da war dein Hauch von Mächtigsein
und übergroßem Glück:
Der Himmel stürzte draußen ein
und drinnen klang Musik.

Märchen

Einmal fuhr sie aus dem Traum
und fing an zu gehn,
um sich ihren Lebensraum
näher anzusehn.

Überall kam sie auf Strand,
und bald war ihr klar,
daß ihr liebes bißchen Land
eine Insel war.

Sinnlos wären Ruf und Schrei,
falls das Wasser stieg.
Da fand sie ein Schwanenei,
wärmte es und schwieg.

Seither lebt sie ohne Not
mit dem Märchenschwan.
Schwebt, wenn ihr das Wasser droht,
mit ihm himmelan.

Januarstürme

Heja, heja, ohne Zügel
jagt der Sturmwind übers Land.
Weder Berge oder Hügel
leisten ihm hier Widerstand.

Heißa, wie die Fetzen fliegen
auf des wilden Windes Spur.
Auch der Mensch muß sich ihm fügen,
ist ja selbst ein Stück Natur.

Lieber, jetzt mußt du mich halten!
Bin so arm und klein und leer.
Toben ringsum die Gewalten,
fühl ich mein Gewicht nicht mehr.

Hab ich dich in meiner Nähe,
weiß ich, daß auch ich mich find.
Und ich stemme mich und gehe,
muß es sein, durch Nacht und Wind.

Gleichung

Was tu ich, wenn ein Unglück naht
und ich es doch nicht sehe?
Und was, bekomm ich keinen Rat,
damit ich's überstehe?

Ich leb, als ob mir sicher sei,
worauf ich stets vertraue.
Und bricht das Fundament entzwei,
auf das ich grade baue?

Ich weiß, ich würd' verloren sein,
wenn mir solch Leid geschähe.
Könnt ich nicht voll Vertrauen sein,
wüßt ich auch: Ich vergehe.

Weißer Januar

Er kam im dicken weißen Pelz
vom Norden irgendwo.
Die weichen Stiefel schenkte ihm
vielleicht ein Eskimo.

Gleich tauchte er das ganze Land
in weißen Flitterglanz.
Es sah wie die Kulisse aus
für einen Märchentanz.

Er tanzte, und bei jedem Schritt
zerknirschelte der Schnee.
Dann knackte er sich durchs Geäst
und klirrte übern See.

So klang des Januars Musik.
Er drehte Kreis um Kreis
und lud auch uns zum Tanze ein
aufs tückisch glatte Eis.

Wer klug war, nahm ihn, wie er war.
es half kein Widerspruch.
Am Schluß stieg dieser Januar
direkt ins Bilderbuch.

31. Januar

Am letzten Tag im Januar
ist es ein wenig heller,
als es noch vor drei Tagen war,
und auch mein Blut pulst schneller.

Der ganze Schnee ist abgetaut,
die Pfützen sind gefroren,
der Himmel zeigt sich aufgeblaut,
der Wind beißt in die Ohren.

Fragt sich da jemand, was das soll
und findet keinen Sinn?
Für mich ist es ein Protokoll,
daß ich am Leben bin!

Im Licht

Beschienen von des Tages Freundlichkeit,
liegt heut das Tal in klaren, sanften Farben.
Es ist so schön, da Schmutz und alle
Narben gut überschminkt sind und so tief
verschneit.
Und wo die Sonne ist, da gleißt das Licht
so sehr, als wollt es noch das Tal verschlingen.
Und wenn wir dorthin immer weitergingen,
wir würden aufgelöst, als gäbs uns nicht.

Es wär ein Ende voller Heiterkeit…
Ein Bild, benutzt, die Hoffnung anzuschüren
und all die Armen hinters Licht zu führen,
daß alles gut sei, in der Ewigkeit.
Ich denke mir, es gibt das Paradies
allein zur Lebenszeit und nur auf Erden.
Und wo sie's nicht ist, kann sie es noch werden,
wie uns des **Fortschritts** Stimme glauben ließ.

Wir Armen, da uns nichts bleibt, als die Welt,
sind nun vor diesen neuen Herrn getreten,
geneigt, nun **seine** Allmacht anzubeten
und hoffend, daß **er** unsren Weg erhellt.
Nun zeigt er uns ein neues, grelles Licht,
das gleißend droht, die Erde zu verschlingen.
Und wenn wir dorthin immer gingen,
sie würde aufgelöst, als gäb sie's nicht.

Efeu

Die Erde liegt im Frost erstarrt,
und Eiswind blies darüber hin.
Da wuchs, wie eine Freundlichkeit,
ein kleines, dunkles Efeugrün.

Nun steht's im bernsteingelben Glas,
das Sonnenfünkchen halten kann.
Dort rankt es sich so hoffnungsfroh.
Und ich erwärme mich daran.

Goldlack

Alles ringsum ist verzaubert,
überall liegt hoher Schnee.
Meiner gelben Goldlackblüte
tun die kalten Flocken weh.

Nein, es ist fürwahr zum Blühen
nicht die rechte Jahreszeit.
Aber wie hat ihr Verfrühen
mich berührt und hoch erfreut!

Ist das Blühn nicht wie die Liebe,
erstes Recht und höchstes Glück?
Dem stets Wohlbedachten bliebe
nie der rechte Augenblick.

10. Februar

Gestern, als der Eiswind pfiff,
so, als ob er nach mir rief,
wiegten sich im Schlaf die Bäume,
und ich sah in ihre Träume:

Von der Linde kam Gesumm,
Bienen schwirrten ringsherum.
Süßer Lindenblütenduft
schwebte durch die laue Luft.
Lang ersehnte Gäste kamen,
Menschen saßen froh beisammen.
Blumen waren da und Wein,
und der Hausherr schenkte ein.
Diesen schönen bunten Traum
hatte unser Lindenbaum.

Und die Eiche war ein Haus,
Vögel flogen ein und aus.
Jeder dichtbelaubte Ast
war ein sichrer Platz zur Rast.
Auch die Feldarbeiter hatten
einen kühlen Platz im Schatten,
den die Eiche ihnen bot.
Herzhaft bissen sie ins Brot,
goldner Roggen stand bereit
für die neue Erntezeit.

Als ich bei den Birken stand,
lag vor mir ein heitres Land.
Über zartem Frühlingsgrün
sah ich weiße Schwäne ziehn.

Sah ein kleines Kind sich bücken
und ein Sträußchen Blumen pflücken.
Und der Maler Lewitan
fing eins seiner Bilder an,
das nach hundert Jahren noch
nach den Birkenblättern roch.

Und ich stand, bis ich begriff,
weil der Eiswind schmerzhaft pfiff,
daß die Zweige, die sich wiegen,
noch in tiefem Schlafe liegen.

Februar

Er kam, so wie ein Bauer geht,
mit kraftvoll schwerem Schritt.
Hielt ein, als eine Feder lag
und nahm sie lächelnd mit.

Er prüfte Acker, Wald und Beet
und jeden Wiesenrain,
gab den Blumen, tief im Schlaf
noch, eine Botschaft ein.

Er nahm, so wie man Dünger nimmt,
ein bißchen Reif und Schnee.
Dann pumpte er in jedem Baum
die Säfte in die Höh.

Und als er alles das getan,
riß er die Wolken auf,
und in den taubenblauen Tag
stieg eine Lerche auf.

Da klang das erste Lerchenlied
nach langer Winterszeit.
Er winkte mit dem Federhut
und ging zur Ewigkeit.

Kalter Februar

Oh, wie schimpft der Februar,
dieser Monatszwerg,
auf den kalten Januar
und geht selbst ans Werk.

Zerrt verbissen Wolken her,
holt sie von sehr weit.
Immer neue, immer mehr,
und es schneit und schneit.

Geht umher mit kaltem Hauch,
schaut mit eis'gem Blick.
Ängstlich hält der Knospenstrauch
seinen Trieb zurück.

Bis zum allerletzten Tag
nutzt er seine Macht.
Sonne sieht ihn bei der Plag,
steht schon hoch und lacht.

Ende Februar

Endlich, endlich ein Signal!
Das war ein Frohlocken!
Eine kleine Amsel schlug
die Verkündungsglocken.

Und von diesem Augenblick
wußt ich von der Wende,
wußte ich, der Winter steht
nun vor seinem Ende.

Heute kam noch einmal Schnee,
doch mir ist nicht bange.
Von der Amsel weiß ich ja,
er bleibt nicht mehr lange.

An diesem kalten Morgen

An diesem kalten Morgen
nach rauhreifstarrer Nacht
befielen mich die Sorgen,
gleich, als ich aufgewacht.

Sah Frost auf allen Wegen
auch für die nächste Zeit.
Mein Bett blinkt weiß entgegen,
als hätt's darauf geschneit.

Da zog durch meine Wirrnis
der liebvertraute Duft
von Farbe, Öl und Firnis
und würzte mir die Luft.

Gleich rangen Glücksgefühle
in mir mit meinem Harm.
Und in des Morgens Kühle
wurd mir ein bißchen warm.

Der Krokus

Zwei Tage nach dem letzten Schnee
schaut froh ein Krokus in die Höh.
So leuchtend wie sein Angesicht
scheint heute selbst die Sonne nicht.
Ganz sanft berührt ihn meine Hand:
Ein Krokus blüht mir aus dem Sand.

Ja, ist es wirklich schon soweit?
Was, Kleiner, wenn es wieder schneit,
wenn Frost noch einmal um sich beißt
und dir dein Blütenkleid vereist,
wenn Sturmwind es dir gar zerfetzt?
Mein Krokus lacht: Er blüht doch **jetzt**.

Meine Bekannte

Das Leben sei wirklichkeitsfremd auf dem Lande,
beängstigend sei die Kultur gar bedroht. –

Die Namen der Bäume bracht sie nicht zustande,
sie kannte nicht einmal das Korn für das Brot.

Warnung

Große Worte sind verdächtig.
Hundertmal erfuhr ich wohl:
Bläht sich etwas übermächtig,
ist es beinah immer hohl.

Hätt' ich doch die Tür verschlossen

Hätt' ich doch die Tür verschlossen,
anfangs, als ich sie nicht kannte.
Als sie sich nur an mich wandte,
wenn sie selber ratlos war.

Dreist kam sie in meine Räume.
Arglos noch, ließ ich sie schauen.
Sie mißbrauchte mein Vertrauen,
nahm, was ich erworben hab.

Fand mich stehn, beschenkt mit Blumen,
fassungslos vor leeren Wänden.
Sah den Schlüssel in den Händen
und begriff, was ich da hab.

Bitte

Meinen Kopf nimm in den Schoß,
leg die Hand darauf.
Wird auch die Verzweiflung groß,
gib mich niemals auf.

Pfeif auf Formen, schmeiß die Tür,
will man mich erpressen.
Nimm nicht deinen Blick von mir,
darf mich nicht vergessen.

Zwing, wenn du mich ängstlich siehst,
daß ich mich erhebe!
Weiß doch erst, was Freiheit ist,
seit ich mit dir lebe.

Unruhe

Ich muß die Gedanken zwingen,
mich nicht auf Wege zu bringen,
wo meine Ängste liegen
und lauern, um Nahrung zu kriegen.
Sie sind wie verwilderte Tauben,
fressen sogar Aberglauben,
besonders nach einem Leid.
Kein Umweg ist ihnen zu weit.
Sie drängen die Ahnung heran,
daß alles verlierbar sein kann.

Glück

Ein winzig kleiner blauer Stein
lag einst vor mir im Sand.
Als ich ihn hob, mich dran zu freun,
fiel er mir aus der Hand.

Doch sah ich einen Augenblick
den reinen blauen Schimmer.
Ein unvermischtes Stückchen Glück –
und danach such ich immer.

Seelenkrätze

Mit meiner dünnen Haut
verberg ich alte Wunden.
Die leck ich wie ein Tier
in schmerzerfüllten Stunden.

Manchmal spannt sie so sehr.
Doch war's nicht zu ertragen,
dann platzte mir bisher
nur ab und zu der Kragen.

Wenn sie so juckt und spannt,
kann das vielleicht bedeuten,
ich soll aus ihr heraus,
ich müßte mich mal häuten.

Doch könnte ich danach
noch mein Gesicht bewahren?
Wenn ich das sicher wüßt,
könnt ich der Haut entfahren.

Ausweg

Ich spürte in mir ein Klingen
und unwiderstehliche Lust
darauf, ein Liedchen zu singen.
Doch war ich mir auf einmal bewußt,

es steckt mir in meiner Kehle
an Liedes statt eher ein Schrei,
der Freiheit sucht aus der Seele
und sei´s drum, ich stürbe dabei.

Da schluckt ich heimliche Tränen
hinunter und wußte, ich brauch
nichts länger hinunterzuschlucken,
denn tu ich's, so sterbe ich auch.

Nun mische ich meine Schreie
verhalten in meinen Gesang.
Halt dem, was in mir ist, Treue
und hoffe, ich lebe noch lang.

Seit er ihr Wort nicht mehr versteht

Seit er ihr Wort nicht mehr versteht,
verbleibt ihr nur das Schweigen.
Seit er ihr Urteil übergeht,
braucht er ihr nichts zu zeigen.

Sie fühlt, mit ihrer Heiterkeit
kann er nichts mehr beginnen.
Sie meint, sie lächle mit der Zeit
nur eben mehr nach innen.

Und einmal kam's, daß er sie schlug.
Sie senkte ihre Lider
und wünschte nur, als sie's ertrug,
sie öffnen sich nie wieder.

Ein jeder Schritt, der sie entfernt,
war wie ein Untergehen.
Doch jedesmal hat sie gelernt,
auch wieder aufzustehen.

Neubeginn

Als er sprach, daß er sein Leben
völlig neu beginnen will,
hat's ihr einen Stich gegeben,
und ihr Herz stand beinahe still.

Alles wird er anders machen,
und was war, fliegt über Bord.
Nein, nicht einmal seine Sachen
braucht er mehr. Er will nur fort.

Gar nichts war ihm neu gelungen,
kein Gedankengang, kein Schritt.
Nicht ein Wort hat neu geklungen,
nahm er doch sich selber mit.

Ein Baum

Ich sehe oft zu einem Baum,
der zu den großen Bäumen zählt.
Es prägte ihn sein Lebensraum,
ein freies, windbewegtes Feld.

Kein Strauch, der ihm die Sonne nahm,
war da, nichts, das ihn drängte.
Auch nichts, woher ein Schatten kam,
wenn ihn die Sonne sengte.

Und brachten Wolken Schnee daher,
war nah bei ihm kein Nachbarast,
kein Baum, der ihm zur Seite wär.
Er trug allein die ganze Last.

Die Winde alle wollten sehn,
wie sich der Baum verneigte.
Er übte sich im Widerstehn,
bis er sich nicht mehr beugte.

Er stand auch, wenn ihn Sturm durchfuhr.
Mit seinen Wurzeln fand er Halt.
Um so markanter wurde nur
des großen starken Baums Gestalt.

Ich fühle mich in seiner Näh,
als könnt ich völlig sicher sein.
Als schlügen Blitze niemals jäh
gerad in solche Bäume ein…

Kälte

Winter, der nicht enden will,
kalt ist mir, so kalt.
Schreien möcht ich und bin still.
Halte mit Gewalt
die Erbitterung zurück,
daß die Stimme nicht gefriert.
Worte klirren sehr,
die man unbedacht verliert
und verletzen schwer.

Kluge Reden hör ich wohl,
sie sind mir zu dumm.
Außen schnittig, innen hohl,
fliegen sie herum
wie in einem Gruselstück.
Machen aus Erstaunen Hohn
bitterkalter Art,
und ich will nicht, daß mein Ton
auch zu Eis erstarrt.

Möchte, daß ein Zeitwind kommt,
der die Hoffnung schürt.
Weil ich fürchte, daß sonst prompt
etwas explodiert.

Märzlied

Ich hör dich, März, im Amsellied.
Ich riech dich in den Winden.
Und wenn auch noch kein Veilchen blüht,
es wird sich alles finden.

Ich sehe ungeheure Kraft
in jedem Pflanzenkind,
das seinen Weg durchs Erdreich schafft,
in dem noch Fröste sind.

Dir scheint das Streben nach dem Licht
wie reiner Übermut?
Sag, sind die großen Meister nicht
auch nur aus Fleisch und Blut?

Ich hör dich, März, im Amsellied.
Ich riech dich in den Winden.
Und wenn auch noch kein Veilchen blüht,
es wird sich alles finden.

Die Elster

In das biegsame Geäst
auf des Baumes Gipfel
flicht die Elster sich ihr Nest
in die Birkenwipfel.

Würdevoll und ohne Hast
geht sie Schritt für Schritt
und nimmt manchen kleinen Ast
für den Nestbbau mit.

Und so baut sie Stund um Stund,
dann ist es vollbracht:
Sie besitzt ein Haus ganz rund
und auch überdacht.

Seh das Elsternest und denk,
mög die Brut gelingen!
Gern würd ich ihr als Geschenk
Glitzersteinchen bringen.

Der Garten

Als ich das Brachland zu graben begann,
zeigte die arme zerklüftete Erde
bei aller Mühe, die ich mir gegeben,
nur eine schmerzvolle Unmutsgebärde.

Was, wenn die Erde sich grollend erhebt?
Sie aber schien mir aus tieferen Schichten
etwas wie Glaube an mich zu vermitteln,
ich könne das, was ich will, auch verrichten.

Also beleckt ich die blasige Hand
und nahm den Spaten, um weiterzugraben,
denn einen eigenen blühenden Garten
wollte ich lange, so lange schon haben!

1. Märzsonntag

Das ist ja heut ein Flugverkehr!
Die Vögel kommen wieder her,
der März steht da und regelt.
Daß mir nur ja nicht der Milan
versehentlich noch in die Bahn
der kleinen Lerche segelt!

Nun Platz da, macht den Himmel frei!
Von fern schon klingt ihr Freudenschrei,
die Gänse kommen wieder!
Und gleich auf ihren Jubelton
folgt eine Kranichformation
und geht am Sumpfsee nieder.

Ein Windchen haucht, fragt, willst du mit?
Ich flieg ein Stück in Richtung Süd,
willst du nicht mit mir treiben?
Nein, Windchen, nein, ich dank dir sehr,
die Amsel ruft vom Walde her,
nun möcht ich lieber bleiben.

Verlust

Halt ein, Wind, du trägst einen Duft
von etwas, das in mir verflogen.
Erinnerung liegt in der Luft
an etwas, das war mir gewogen.

Was ist, Kiefer, bin ich dir fremd?
So nah war mir einst deine Rinde.
Ich hatte mich an dich gestemmt,
da schien mir, du atmest im Winde.

Verzeih, Szilla, heb dein Gesicht.
Es war dir doch immer gelungen,
dein hellblaues Frühlingsgedicht,
das hat mich mit Sehnsucht durchdrungen.

Und du, Wiese, warum schweigst du?
Verzweifel knie ich zu dir nieder.
Ich suche und such immerzu
und finde und find es nicht wieder.

April

Dem jungen, kräftigen April
gefällt die Wiese sehr.
Noch liegt sie schlafend, tief und still,
als ob er gar nicht wär.

Weil Warten ihm nicht eigen ist –
er lebt doch viel zu gern –
blüht überall, wo er sie küßt,
ein gelber Wiesenstern.

Da ist sie lächelnd aufgewacht,
sie meint, sie träumte ihn.
Was eine Frau erröten macht,
das macht die Wiese grün.

Und schöner hat sie Stund um Stund
sein Sonnenkuß gemacht.
So, wie auch ein geliebter Mund
schön wie kein andrer lacht.

Vorsatz

Kann es keine Blume sein,
die lächelnd zu mir spricht,
finde ich in einem Stein
vielleicht ein Gesicht.
Sieht ein Stein mich erst mal an,
hoff' ich, daß er sprechen kann.

Nebenbei liegt Schreibpapier

Ach du Schreck, wo blieb die Zeit!
Wo war ich nur gewesen!
War wohl zwei gute Stunden weit,
ich hab mich festgelesen.

Alles ringsum ließ mir Ruh.
Vor ungemachten Betten
klinkt ich nur rasch die Türe zu,
als könnte mich das retten.

Die Arbeit rief nun doch nach mir,
und ich ging in die Küche.
Doch nebenbei liegt Schreibpapier
für meine eignen Sprüche.

Frühlingslied

Lauschend steh ich wie ein Wächter,
doch ich denk an keinen Dieb.
Hör vom Garten her Gelächter,
und das Lachen klingt so lieb.

Krokuskinder tanzen Reigen,
und sie drehn sich voller Wonne.
Möchten in den Himmel steigen,
tanzen, tanzen bis zur Sonne!

Wilde lilablaue Veilchen
haben sich hinzugesellt,
und ich folge für ein Weilchen
ihrem Loblied auf die Welt,

auf die Sonne und das Leben,
das so glücklich weitergeht,
wenn man, ohne aufzugeben,
einen Winter übersteht.

Leise trete ich zur Seite,
Primelaugen gehen mit.
Durch die Luft flirrt Lebensfreude,
überm Herzen schwebt ein Lied.

Aprilmorgen

Wie die kleine Amsel singt,
hoch den Kopf erhoben.
So, als wollt sie unbedingt
diesen Morgen loben.
Vielleicht, weil der Tag beginnt
und weil wir am Leben sind.
Weil zur Nacht der Mond aufgeht
und weil sich die Erde dreht.

Sie wählt sich den höchsten Ast,
um ihr Lied zu singen.
Schließlich weicht in mir die Hast
einem frohen Klingen.
Einfach, weil ein Tag beginnt
und weil wir am Leben sind.
Weil zur Nacht der Mond aufgeht
und die Erde sich noch dreht.

Die einfachen Dinge

Die einfachen Dinge, von denen ich lebe,
sind Luft und die Liebe, Kartoffeln und Brot,
das Gras und das Wasser, die Blumen und Bäume,
und wenn sie mir fehlen, gerat ich in Not.
Doch habe ich Wasser nur mit Nitraten,
kann ich genauso ins Unglück geraten.

Sie haben schon längst ihre Unschuld verloren:
Der Wald birgt Raketen, die Luft macht uns krank.
Wir schlucken die Gifte mit Brot und Kartoffeln.
Die Liebe, vielleicht, ist noch wahrhaft und blank.
Und ist sie's, dann muß sie sie endlich erheben,
die einfachen Dinge, von denen wir leben.

Baumpaare

Führt dein Weg dich durch die Wiesen,
mußt du zu den Bäumen sehn,
die da oftmals wie zwei Menschen
nahe beieinanderstehn.

Wie zwei Menschen, die sich lieben,
zärtlich flüsternd Hand in Hand
stehn sie, im Geäst verschlungen
und einander zugewandt.

Beide haben ihre Kronen
ausgebreitet und vereint,
daß ihr Anblick, schaut man flüchtig,
wie ein einz'ger Baum erscheint.

Aber auch zurückgenommen
haben sie so manchen Ast.
Wo sie aneinanderkommen,
haben sie sich angepaßt.

Erosion

Die Luft ist schwarz vom Staub,
im Wind verfliegt das Feld.
Wer weiß, wie man es hält?

Da fliegt geborgtes Land,
das uns nur heut gehört,
damit es uns ernährt.

Wir leben in der Schuld
derer, die noch nicht sind.
Ihr Feld verfliegt verfliegt im Wind!

Mai

Der Mai packt seine Farben aus
und malt ganz auf die Schnelle
mir von der Landschaft um das Haus
einhundert Aquarelle.

Grad seh ich mir die Birken an
im zarten grünen Schleier,
da blüht auch schon der Löwenzahn
wie gelbe Freudenfeuer,

wo wohlgenährte Kühe stehn.
Das Bild macht mich so heiter.
Noch hab ich mich nicht sattgesehn,
da malt er auch schon weiter.

Wie stetig all die Bilder fliehn,
kein Augenblick kommt wieder.
Noch seh ich Apfelbäume blühn,
schon rötet sich der Flieder.

Mai, sag, wie kannst du unentwegt
nur Bild für Bild beginnen?
Er lacht, sie seien angelegt
und lebten längst von innen.

Das Schleppdach

Schleppdach, dürres Ungeheuer,
hast uns nur den Blick verstellt.
Sägten dich zu Holz fürs Feuer,
und vor uns lag frei das Feld.

Aber unter dir die Erde,
hast du, als du draufgesessen,
so, als ob sie dir gehörte,
all ihr Leben aufgefressen?

Hast du sie in Schutt verwandelt
und zu Staub sie ausgedorrt?
Hätt der Wind mit ihr verhandelt,
trüge er sie mit sich fort.

Aber dann sah ich im Maien,
daß sich mancher Sämling hebt.
Unterm Himmel, unterm freien,
zeigte sich: Die Erde lebt!

Grenzland

Hier, wo ich zu Hause bin,
fließt ein Flüßchen durch die Wiesen,
ach, wer weiß wie lang schon hin.
Nebenher verläuft die Straße,
Minze duftet aus dem Grase,
hier, wo ich zu Hause bin.

Welch ein Plätzchen fürs Getier!
Hörst du, wie die Vögel singen?
Storch und Kranich brüten hier,
und das Wild wird niemand treiben..
Nur als Mensch kannst du nicht bleiben,
sofort stehst du im Visier.

1990:

Hier, wo ich zu Hause bin,
geht es plötzlich westwärts weiter,
und gleich kommt mir in den Sinn:
Nicht mehr irgendwo am Rande,
mittendrin leb ich im Lande,
hier, wo ich zu Hause bin.

Dachte, nun leb ich im Lande
nicht mehr irgendwo am Rande …

Die Eberesche blüht

Die Eberesche blüht.
Unwiderstehlich zieht
ihr herber Duft mich an,
daß ich's nicht lassen kann
und ihn mit viel Genuß
tief in mich saugen muß.

Mein Sohn hat zugesehn.
Da, wo die Schafe stehn,
steht auch sein Motorrad,
an dem er Freude hat.
Doch meinem Sohne dünkt,
die Eberesche stinkt!

Er sieht die Schaukel nicht,
die sich in goldnem Licht
mir immer näher schwingt.
Und die Erinnrung singt
ein leises Kinderlied.
Die Eberesche blüht…

Bis irgendwann ihr Duft
nach meinem Sohne ruft
und raunt ihm bittersüß:
War einst ein Paradies,
ein Motorrad im Mai
und Lämmer nah dabei…

Wiesenblumen

Von allen pflückte ich, vom Traum besessen,
was meine Hand festhält, gehöre mir.
Ich hab das Glücksgefühl noch nicht vergessen,
das von den Blumen kam und meine Gier,
soviel ich halten kann, nach Haus zu bringen.
Zuhaus, das war ein düstres kaltes Loch,
wo Wassertropfen an den Wänden hingen
und es nach Hustentee und Schimmel roch.

Wie wünscht ich mir, daß sich die
Schönheit halte,
auch da, wohin kein Sonnenstrahl sich neig-
te,
daß ich sie nie und nimmermehr verlier.

Die Wiesenblumen machten, daß ich malte,
und einmal kam der Tag , an dem sich zeig-
te:
Was meine Hand festhält, gehört ja mir.

Das Nachtigallenlied

Was singt die kleine Nachtigall,
daß mich ihr Lied so friedlich sinnt?
Es füllt das ganze Wiesental und macht,
daß all mein Gram verrinnt.

Mich quält nicht mehr, was gestern war
und nicht, was morgen vielleicht fehlt.
Die Nachtigall, sie singt so klar,
daß nichts als diese Stunde zählt.

Der Abend ist so leicht und mild,
als läg ein Lächeln in der Luft.
Ein liebes, längst vergess'nes Bild
taucht plötzlich wieder auf und ruft

mich über einen Sphärensaum.
Das macht das Nachtigallenlied:
Es öffnet für mich einen Raum,
den man sonst nur im Traum betritt.

Pfingstmorgen

Glocken läuten hinterm Walde.
Auf dem Gras liegt Morgentau.
Lerchen tragen Silberklänge
von der Erde hoch ins Blau.

Der Pirol singt und die Amsel.
Nah am Teich, auf hohem Halm,
schlüpfen heute die Libellen.
Jede Blüte ist ein Psalm

auf des Tages frohe Feier.
Birken senden Düfte aus.
Auch, wenn ich die Augen schließe,
rieche ich, ich bin zu Haus.

Und ich sitze in der Sonne
wie auf einer Woge Glück.
Schließlich hat sogar der Reichste
nichts als nur den Augenblick.

Niederlage

Der Mai ruft: „Menschenskind faß hin!"
und winkt mir mit dem Flieder.
Obwohl ich ganz, ganz nahe bin,
hält mich doch etwas nieder.

Ich spür den Schlangenblick der Pflicht
und wag nicht, mich zu regen.
Ihr dürrer Bruder, der Verzicht,
kommt lauernd mir entgegen.

Schon hebt die Pflicht Schablonen hoch,
um mich daran zu messen.
Ich heul vor Wut und zwing mich doch,
mich da hindurchzupressen.

Und ich bekomm das Prädikat
„Grad noch nicht Außenseiter".
Der Mai, der mich gerufen hat,
ging mit dem Flieder weiter.

Glücksmoment

Der Juni reitet durch die Flur.
Es riecht so gut, der Roggen blüht,
und Blütenstaub tanzt auf der Spur,
die er rings durch die Felder zieht.

Der Duft ist voll Erinnerung,
der Klatschmohn singt ein Kinderlied.
Mein Herz macht einen Freudensprung
und galoppiert ein Stückchen mit.

Die Rose und der Vogel Vertrauen
(für M.)

Es war eine gelbe Rose,
eingepflanzt in karges Land.
Mutig trieb sie grüne Sprosse
ihres Lebens in den Sand.

Kleiner Vogel, das Vertrauen,
wollte wohnen im Geäst.
Mühsam fing er an zu bauen
in dem Dornenstrauch sein Nest.

So begann ein gutes Leben,
kleiner Vogel sang sein Lied,
war dabei, sein Nest zu weben,
und die Rose hat geblüht.

Dann kam die Enttäuschungskrähe,
stieß hernieder Tag und Nacht.
Und sie hat durch ihre Nähe
das Vertrauen fortgejagt.

Ganz verzweifelt stach die Rose,
sah die Krähe überall.
Und so wurde aus der Rose
mit der Zeit ein Dornenwall.

Ist das Nestchen auch zergangen,
hängt ein Hälmchen doch im Wind.
Rose hält's mit dem Verlangen,
daß es das Vöglein wiederfind.

Das Lieblingssommersonnenkleid
(für Gisela)

Da flog ein Wort, hell wie ein Lied,
am Elbdeich durch die Au.
Es zog mich, sowie Sehnsucht zieht,
mit sich ins Himmelblau.
Ich hörte kaum, was man noch sprach
und lauschte nur dem Worte nach.

Es hob mich auf und trug mich fort,
hinaus aus Zeit und Raum
und brachte mich an einen Ort
aus einem schönen Traum.
Und mir kam gar nicht in den Sinn,
wie alt und erdenschwer ich bin.

Die Boutique im Garten

Was mir aus der Wundertüte
„Sommerblumenmischung" blühte,
gäbe ganz besondren Schick
einem Fenster der Boutique,
und die schönen, eitlen Frauen
würden alles gern beschauen:
Blüten wie aus feinster Seide,
hübsch zum schlichten schwarzen Kleide,
trägt der reich gefüllte Mohn,
prächtig leuchtend rot im Ton.
Ganz besonders elegant:
Rot mit schmalem weißen Rand,
oder fein plissiert und weiß,
alles für den gleichen Preis.
Hier, als Putz für eine Braut,
etwas weißes Schleierkraut.
Reifre Damen nähmen gerne
diese blanken Silbersterne.
Dieses kleine Blümchen ist
wirklich reizend zu Batist,
denn das zarte Violett
macht ein Blüschen sehr adrett.
Da, für die solide Frau
hätte ich ein tiefes Blau
von des Ritterspornes Blüten.
Große weiße Margeriten
passen gut zum Hut aus Stroh,
Ringelrosen ebenso.
Schlicht ist das Resedagrün,
doch steckt Raffinesse drin!
Der, wer sich dafür entscheidet,
wird bald um den Duft beneidet.

Nigella trägt sowieso
stets ein duftiges Jabot,
aber ihre Samenköpfe
sind wie rustikale Knöpfe.
Braucht es jemand mal ganz schnell:
Schleifenblumen in Pastell,
weil sie gleich in Dolden stehn.
Auch der Goldmohn ist sehr schön.
Sommerazaleen blühn
wie Satin, in satt Karmin.
Oh, das wäre sicherlich
ganz das Passende für mich!
Keine Sorge um das Geld!
Es macht gar nichts, wenn es fehlt.
Nehmt, kann euch die Pracht gefallen,
Silbertaler zum Bezahlen!

Pflicht und Kür

Wie die hellen Juninächte
mich so schrecklich irritieren.
Zeit, die ich gewinnen möchte,
schein ich trostlos zu verlieren.

Tausend kleine Nichtigkeiten
künden ihren Anspruch an
und ich fühl, wie sie entgleiten,
daß ich sie nicht packen kann.

Soll der Alltag mich bezwingen?
Vor der Kür regiert die Pflicht.
Bleibt nach mühevollem Ringen
mir am Ende gar Verzicht?

Kann ich nicht ein Fünkchen finden,
das mich wieder heiter stimmt?
Gern würd ich mich dran entzünden,
daß ein kleines Feuer glimmt.

Nein, ich darf mich nicht ergeben,
such die Kür auch in der Pflicht.
Find ich nichts, dann mach ich eben
aus dem Kummer ein Gedicht.

Du lebst doch

„Du lebst doch", sagte mir der Tag,
„so hebe deine Blicke.
Ich gebe dir, was ich vermag,
nimm's an zu deinem Glücke".

Die Rosen blühten und der Mohn.
Sie schienen mir wie Lügen
in Anbetracht von Haß und Hohn,
von Hunger und von Kriegen.
Und was ich lebte, ging vorbei
in Ängsten um den Frieden,
denn immer hört ich Kriegsgeschrei.
Die Blumen aber blühten.

„Du lebst doch", sagte mir der Tag,
„so hebe deine Blicke.
Ich gebe dir, was ich vermag,
nimm's an zu deinem Glücke".

Mittagsruhe

Der Sommer liegt gelb und satt auf dem Feld,
Behaglichkeit in der Gebärde.
Hier fand er den friedvollsten Platz auf der Welt.
Ich höre das Atmen der Erde.

Rittersporn am Zaun

Wie geht's euch, meine Lieben?
Ich hab an euch gedacht,
als sich die Wolken trieben
und Hagel kam zur Nacht.

Ihr seid wie einst die Frauen
in meinem kleinen Ort.
Sie standen auch in blauen
geblümten Schürzen dort

an ihren Gartenzäunen,
den Grenzen ihrer Welt,
der kargen, winzigkleinen
und haben sich erzählt.

Sie waren die Vermesser
nach eignem, engen Maß.
Sie wußten alles besser
und was der Nachbar aß.

Doch heute denk ich gerne
an jene Frau'n zurück.
Sie stehn in blauer Ferne
im heitren Kindheitsstück.

Super Star

Schöne Rose Super Star
– gellend wie ein Schrei –
du sahst, als ich bei dir war,
nur an mir vorbei.

Deine Schönheit gilt nicht mir
und auch nicht dein Duft.
Ganz in deiner Nähe spür
ich nur kühle Luft.

Du bist so wie ein Gedicht,
das ich vor mir seh,
aber das mit Worten spricht,
die ich nicht versteh.

Kamille

Mohnblumen wissen, daß es ums Rot geht.
Kornblumen zeigen, wie ihnen Blau steht.
Neben den beiden steht, ganz bescheiden,
duftend und stille, zarte Kamille.

Die mußt du holen, wenn dir nicht wohl ist.
Pflücke nur welche, deren Kopf hohl ist.
Unter den Menschen sind das wohl schlechte,
von den Kamillen ist das die Echte.

Mohn

„Halt", schreit so laut der Türkische Mohn,
„bleib stehn, willst du mich nicht malen!
Niemand wird in so leuchtendem Ton
dir wieder entgegenstrahlen."

Still, lieber Mohn, es fehlt mir die Zeit.
„Dann wirst du ein ganzes Jahr darben,
das ganze Jahr wäre es dir um mich leid!"
Das stimmt, Mohn, ich hole die Farben.

Karneol-Rose

Ich hab mir vorgenommen,
als ich sie freitags schnitt,
daß dir als ein Willkommen
die dunkle Rose blüht.

Nun liegt in ihrem Schimmer
so schwer die Traurigkeit.
Die Rose blüht noch immer,
und du bist weit, so weit.

Vorliebe

Noch niemals wollt ich Arien singen,
weil mich zur Oper wenig zieht.
Und würde es mir auch gelingen –
ich lieb viel mehr das kleine Lied.

Noch niemals wollt ich Felder pflügen,
und trieb dort goldner Spargel aus.
Ich mag die Blumen, mir genügen
die Gartenbeete um das Haus.

Noch niemals träumt ich von Palästen,
doch gerne ging ich elegant –
durch Sommerwiesen – und am besten
die Hackenschuhe in der Hand.

Noch niemals wollt ich Dramen schreiben,
doch gern versuch ich Duft und Licht
in Wort zu fassen, daß sie bleiben
und weiterleben als Gedicht.

Mißverständnis

Ich soll nicht so viele Rosen beschreiben,
wenn **eine** genügt, die am Mauerwerk
steht.

Nein, nein, nicht das Schöne will ich übertreiben,
die Mauer, die Mauer zerschlägt gleich das
Beet!

Johanniskraut

Der Juli hat sich umgeschaut
und fragte das Johanniskraut,
warum es noch nicht blühe.
Er meinte, daß es nötig sei,,
Johannistag ist längst vorbei,
daß es sich nun bemühe.

Da schluchzte das Johanniskraut,
es hätt' sich nicht zu blühn getraut,
das wäre wohl vermessen.
Der Juni habe offenbar
den längsten Tag in diesem Jahr
verschlafen und vergessen.

Drauf fuhr ein Windhauch durch die Luft
und zarter, süßer Rosenduft
kam mit ihm vom Gemäuer.
Die Kletterrose war erwacht
und hat ein solches Blühn entfacht
wie ein Johannisfeuer.

Gleich hängte auch der weiße Mohn
den ersten runden Lampion
in seine blauen Blätter.
Und nur ganz kurze Zeit darauf
sprang schon die nächste Knospe auf,
geweckt vom lauen Wetter.

Da kam ein Leuchten mehr und mehr
aus allen Gärten ringsumher
sowie aus fremder Ferne.
Und endlich, beim Zikadenlaut
erblühten dem Johanniskraut
die ersten gelben Sterne.

Juli

Der Juli ist jung, das Jahr ist erst halb,
und schon sirrt der Wind das Lied vom Verderben.
Die Wiese erbleicht und kleidet sich falb,
so zeigt sich das Gras nur kurz vor dem Sterben.

Die armen Gräser auf staubigem Sand
erzählen Geschichten von den Savannen,
wo ferne Verwandte im tropischen Land
den grausamen Kampf mit der Sonne gewannen.

Sie treiben die Wurzeln an ihrem Ort
mit allen Kräften der Nässe entgegen.
Und der, wer sich aufgibt, ist schon verdorrt,
rettungslos tot – vor dem künftigen Regen.

Die Farben der Liebe

Die Farbe der Liebe ist rot,
so seh ich sie flammend erblühn.
Doch sonst ist sie so wie das Gras
von immerwährendem Grün.

Oft lebe ich achtlos mit ihr,
doch fehlt sie mir, schmerzt es sofort.
Und alles, was leicht war, wird schwer,
wenn plötzlich die Liebe verdorrt.

Dann gehe ich irrend umher.
Die Werte verlieren den Sinn,
und nichts auf der Welt fehlt mir mehr,
als dieses beständige Grün.

Nächtliche Schwüle

Nächtliche Schwüle, dunkles Gefängnis.
Hab mir den Ausnahmezustand verhängt.
Meine Gefühle melden: Bedrängnis!
Und ich weiß nicht einmal, was mich bedrängt.

Drückende Schwere auf meiner Kehle.
Was in mir lebt, wird zum schwärzlichen Rot.
Hilflose Leere, und meine Seele
neigt sich vom Leben ab, näher dem Tod.

Lauernde Stille, Gedankengewitter.
Kleinmut bedroht mich mit lähmendem Schlag.
Wo ist mein Wille? Liegt hinter Gitter,
wartet gebannt auf den rettenden Tag.

Lockbeeren

Mir zeigte mein Vater, da war ich ein Kind,
daß da im Walde auch Lockbeeren sind.
Sie wuchsen am steinigen Abhang von Schluchten,
wohin sie ein Naschmaul zu locken versuchten.
Dort standen sie, schöner als andere, und
wer sie sich holen will, stürzt in den Grund...
So konnte er mich vor den Lockbeeren warnen.
Nun schau ich erst nach, welchen Abgrund
sie tarnen.

Die Großmutter erzählt von der Weberin

Weißt du, Kind, in alter Zeit
webte sie den Stoff zum Kleid.
Gerade wie ihr stand der Sinn,
flog das Schiffchen her und hin.
Lief ihr übers Herz der Gram,
zeigte sich das Schiffchen lahm,
quälte sich im Holperschritt,
und der Faden lief nicht mit.

War ihr leicht, voll Überschwang,
fröhlich auch der Webstuhl klang.
Ging die Arbeit von der Hand,
glattes Tuch im Takt entstand.
So floß in den Webstuhl auch
etwas wie ein Lebenshauch.
Ja, der Webstuhl klopft ein Lied,
und die Weberin sang mit:

Pieksch – poksch – tappu – tapp
pupu – pupu – klappu klapp.
Pieksch – poksch – tappu – tapp
pupu – pupu – klappu klapp.

Vogel und Baum

Manchmal möcht ich gerne fliegen,
weil mir scheint, ich hielt's nicht aus,
ließ am liebsten alles liegen
und flög bald ein Stück hinaus.
Fesseln mich des Alltags Zwänge,
warte ich nur auf ein Wort,
das mich riefe aus der Enge,
und ich flöge weit weit fort.

Manchmal möcht ich Wurzeln schlagen
wie ein großer starker Baum,
die tief in die Erde ragen
und mich halten auf dem Raum.
Dann hab ich mich selbst gebunden,
und mir ist so leicht und frei.
Ich hab einen Halt gefunden,
und die Vögel ziehn vorbei.

Die Schwalbe

Einer, der Gedanken liest,
kann vielleicht auch spüren
– über Kilometer weit –
wie sie ihn berühren.

Wie ich mich am hellen Tag
manchmal danach sehne,
daß ich, wie an einem Baum,
schweigend an ihm lehne.

Eine Schwalbe flog herein,
als ich daran dachte.
Und es war, als ob sie mir
Grüße von ihm brachte.

August

Die wunderschöne Frau August
trat ein in grünen Kleid
mit einer Rose an der Brust
und goldne Heiterkeit

besonnte gleich das ganze Land,
den Himmel und das Meer.
Sie hob die sanfte braune Hand,
und alles ringsumher

gab seine ganze Schönheit preis.
Es hob sich ein Konzert,
das schwebte anfangs leis, ganz leis,
schwoll schließlich unbeschwert

zur großen Lebensmelodie.
Da klang der Wellentanz,
der großen Städte Sinfonie,
das Lied vom Erntekranz,

das Kinderlied vom Ferienglück
war ebenso dabei,
die Hymne auf den Augenblick,
wie ein gedämpfter Schrei.

Und allen dankte Frau August
mit freundlichem Applaus.
Sie ging und trug an ihrer Brust
den ersten Asternstrauß.

Pflicht und Dank

Pflichtgefühl ist eine Zierde,
eine andre ist der Dank.
Aber wird der Dank zur Bürde,
war das Pflichtgefühl wohl krank.

Dank erduldet keine Zwänge,
nichts, das ihn in Rechnung zieht.
Treibt die Pflicht ihn in die Enge,
ist es sicher, daß er flieht.

Spätsommer

Noch hat der Sommer die Glut nicht verbraucht,
schon kommt ein Morgen, der Nebelluft haucht.
Seh ich im Garten die Astern erblühen,
möchte ich so wie die Zugvögel ziehen,
gegen die Sonne und gegen die Zeit.
Dort, wo das Grün lockt, zur Landung bereit.
Mich mit den wirbelnden Windhosen drehen
möcht ich und spielend Gefahren bestehen.
Frei und sogar ohne Angst vor dem Tod
wäre ich, wenn mich die Zeit nicht bedroht.

Fortfliegen kann ich nur manchmal im Traum.
Könnt ich es wirklich, genügte ein Baum
aus unsrem Garten, der suchende Blick
eines Vertrauten, schon käm ich zurück.
Was macht ein Morgen, der Nebelluft haucht,
noch hat der Sommer die Glut nicht verbraucht.

September

Der Mai ist ein verspieltes Kind,
das nichts liebt als die Freud.
September ist's, der sich besinnt,
doch lächelnd uns verzeiht,

daß wir dem grünen Mai geglaubt,
das würde nie vergehn.
Er will nicht, daß man denkt, er raubt
und zeigt sich anders schön.

Dem Himmel schickt er reinstes Blau.
Er zaubert in der Nacht
auf Spinnennetze feinsten Tau
zur Perlenkettenpracht.

Und Düfte hält er uns bereit!
Die Erde gab sie selber
zur Herbstkartoffelerntezeit.
Doch alles Grün wird gelber.

Und Früchte hängen prall am Baum,
die Blätter werden bunter!
Ach freut euch doch an diesem Traum,
bald fallen sie herunter.

Ganz unauffällig, Stund um Stund
wird nun der Tag auch kälter.
September bohrt in meiner Wund:
Bin einen Sommer älter!

Für Gundula

Inmitten diplomierter Kunsterzieher,
die ihren Wert mit jeder Geste zeigen,
sitz ich ganz still. Getarnt im Kleid aus Schweigen.

Ein Dünkelmief fängt an, sich auszubreiten.
Wie könnte ich mich unbemerkt befreien?
Der Ketzer in mir rät, ich sollte schreien!

Leis geht die Tür. Und jemand kommt verspätet
und stolpert, lacht, winkt bittend, zu vergeben.
Wie wohl tut mir ein Hauch von frischem Leben!

Der Reiher

Schlug ein Herz doch im Gefieder,
heut noch, als der Reiher lebte.
Jemand schoß, und er fiel nieder.
Er, der mit den Wolken schwebte!

Sorglich war er ausgebrütet,
gut verborgen aufgezogen
und vor jedem Feind behütet,
bis er einmal selbst geflogen.

Mit der Freiheit auf den Schwingen,
leicht, wie eine scheue Liebe
konnte er mir Hoffnung bringen:

Wer ihn sieht, wird wohl vergessen,
Reichtum nur in Geld zu messen.

Der Schrei

Da schmerzte etwas zum Erbarmen!
Ich heulte in Hagel und Wind.
Vor mir fuhr, **mich** schützend, mein Kind,
mit so schmalen Schultern und Armen
den langen Weg auf dem Rad.
Als sei's das Normalste gerad,
dem Sturm **seinen** Körper zu bieten,
um mich vor dem Hagel zu hüten.
Da fesselte ich einen Schrei,
der riß mir das Herz fast entzwei.

Oktober

Hoch in den Bäumen lacht der Oktober.
Etwas Frivoles flüstert der Wind.
Dann durchfährt er das Stroh auf dem Schober,
in dem nur noch die Feldmäuse sind.

Nein, der Oktober will ihn nicht zügeln,
er liebt des Windes deftiges Spiel.
Schlägt er nur mäßig mit seinen Flügeln
flüchtet das Laue, und es wird kühl.

Schließlich ist jedes Fest mal zu Ende,
und wenn es aus ist, ist's eben aus!
Grüßend hebt er die erdigen Hände
und führt die Sommergäste hinaus.

Bald wird der ganze Festplatz sich leeren.
Schau, so wärmend ein Feuerchen brennt.
Gegen Betrübtheit kann man sich wehren,
wenn man die kleinen Freuden erkennt.

Der Mellenhof

Ich weiß ein Haus im grünen Land,
gebaut aus rotem Stein.
Es spreizt sich nicht und duckt sich nicht,
als möcht's verläßlich sein.

Es steht ganz selbstverständlich da
bei Ahornbaum und Linde.
Auch eine Birke ist ganz nah,
gezaust vom steifen Winde.

Im Sommer hat im Birkenbaum
der Star sein Nest gebaut.
Und hoch im blauen Himmelsraum
ertönt der Lerchenlaut.

Ich weiß ein Haus im grünen Land,
gebaut aus rotem Stein.
Als du es fandst im Heidesand,
zog deine Sehnsucht ein.

Sie regte sich und plagte dich,
sang dir ein Lied ins Ohr.
Und in dem grauen Großstadthaus
klangs wie der Freiheitschor.

Die Linde

Wie lieb mir doch die Linde ist,
die vor dem Fenster steht.
Mir schien einmal, sie winkt und grüßt,
als leis ein Wind geweht.

Da habe ich sie angeschaut,
so wie sie stand im Wind.
Und sie erschien mir so vertraut,
als wäre ich ihr Kind,

das endlich heimgekommen ist.
Sie sprach: Hier ist dein Haus.
Und wenn du mal im Zeifel bist,
dann schau zu mir hinaus.

Nebel

Abends, wenn der Herbstwind schweigt,
kommt ein Nebelschimmel,
und die braune Wiese steigt
mit ihm in den Himmel.

Gleich hebt sie uns mit empor,
die auf ihr spazieren.
Und erschaudernd kommt mir vor,
ich könnt dich verlieren.

Lieber, bitte laß uns gehn,
stell mir keine Fragen.
Dich im Nebelreich zu sehn,
kann ich nicht ertragen.

Komm, mir ist so schrecklich kalt,
schnell in warme Räume.
Und die Angst kriecht, hoff' ich , bald
wieder ins Geheime.

Sprich

Lieber, wenn du müde heimkommst,
küßt mich nur und sagst kein Wort,
drückt die Schwere deines Schweigens
meine Heiterkeiten fort.
Lieber, ich bin nah bei dir,
sprich mit mir.

Sprich von deinen Schwierigkeiten
und davon, was dir gelang.
Gern würd ich davon erzählen,
wenn ich mich mal selbst bezwang.
Lieber, sieh, ich leb mit dir,
sprich mit mir.

Jeder Augenblick sei richtig
und kein Thema zu gering.
Kein Gedanke sei zu nichtig,
der durch unsre Hirne ging.
Daß ich dich nicht einst verlier,
sprich mit mir.

Die tanzenden Pappeln

Vor meinem Fenster tanzen die Bäume,
und als Orchester empfiehlt sich der Wind.
Wie sie sich biegen, drehen und wiegen,
welche erstaunlichen Tänzer sie sind!

Neigen zur gleichen Zeit ihre Kronen,
werfen die Zweige zum Himmel empor.
Haben dort oben die Wolken verschoben,
da jubelt ein leuchtendes Nachtblau hervor.

Hab mir ein Jubelfünkchen gefangen!
Wirklich, mir scheint, ich war jahrelang blind.
Hab wohl gesehn, daß die Pappeln dort stehn,
heute erst sah ich: Sie tanzen im Wind!

Distelblüte

Wie du mir wehtust, Distelblüte,
der Sommer ging doch längst vorbei!
Jetzt, da die Kälte sich verfrühte,
bist du wie ein Verzweiflungsschrei

aus einem grell geschminkten Munde
im grauen, welken Angesicht.
Als ahntest du die Todesstunde
und faßt das alles nur noch nicht.

Als wolltest du dich nicht ergeben,
als richte sich darauf dein Sinn,
nicht einfach so dahinzuleben,
nein, bis zum Tode hin zu blühn.

Abschied

Als ich zum letzten Mal die leere Wohnung sah
und daran dachte, wie wir lebten in dem Haus,
fuhr ich zum Abschied rasch noch über alle Wände.
Und dann kamst du und sahst verwundert meine Hände
und beinahe, Lieber, lachtest du mich aus.
Als glaubte ich, die kahle Wand
verspüre meine warme Hand.

Als unser Junge fuhr und schon im Abteil stand,
und jeder von uns schwer an seinem Abschied trug,
weil er doch viel, viel lieber bei uns bleiben wollte
und gegen seinen Willen aus dem Bahnhof rollte,
da sah ich, streicheltest du seinen Zug.
Und ich hab vor mich hin geweint,
ich weiß, das Blech war nicht gemeint.

November

Das blieb vom großen Fest:
Ein Haufen dürres Laub.
Der Herbstgirlandenrest
vom Wind vermischt mit Staub.

Der Tag hockt eingehüllt
in graues Nebeltuch.
Die Luft ist angefüllt
mit herbem Erdgeruch.

Der Wind ist heute still,
als drücke ihn ein Leid,
und auch durch mein Gefühl
geht leise Traurigkeit.

Das blieb vom großen Fest:
Die Erde will zur Ruh.
Weil's sich nicht ändern läßt,
komm, Schnee, und deck sie zu.

Trost

Manchmal ist Dämmerung
Spuk- und Gespensterort,
lagern dir Zweifel und Ängste zuhauf.
Scheuchte der helle Tag
sie mit der Arbeit fort,
steigen sie dir mit der Dämmerung auf.

Manchmal ist Dämmerung
warme Geborgenheit
unter den Flügeln der sanften Natur.
Gräsern und Blumen gleich
hüllt sie dich in ihr Kleid,
weicher wird bald jede scharfe Kontur.

Immer schließt Dämmerung
die Offenbarung ein,
bald kommt das Licht oder Finsternis droht.
Und wenn sonst nichts mehr bleibt
als nur der Schmerz allein,
tröstlich erscheint dann wohl selbst noch
der Tod.

Novemberlied

Der November liebt die Nacht,
kann nichts andres denken.
Ach, hätt er doch Glanz und Pracht,
um sie zu beschenken.

Sinnend schaut er durchs Geäst,
nichts ist da zu pflücken.
Nichts, das sich verwenden läßt,
um die Nacht zu schmücken.

Doch wer liebt, hat einen Traum,
und er wird ihn nützen.
Sieh, aus jedem kahlen Baum
webt er zarte Spitzen.

Die hält er der Nacht bereit,
und ich steh und schaue.
Schön, im schwarzen Spitzenkleid,
kommt die Nacht, die blaue.

Sterne glänzen ihr im Haar,
Eulenflöten klingen.
Der November fängt sogar
an, ein Lied zu singen.

Morgen wird er müde sein
und den Tag vertrauern.
Doch die Nacht tritt früher ein
und wird länger dauern.

Tanz

Ist dieser Abend schön,
kann mich im Tanze drehn
mit dir im Walzerschwung.
Noch bin ich jung!

Liebe den Festtagsglanz,
liebe Musik und Tanz,
kann an den Blicken sehn,
noch bin ich schön!

Habe Musik und Wein
und kann so glücklich sein.
Heute ist meine Zeit.
Morgen ist weit!

Vor dem Spiegel

Männer seien Schweineigel
und verdorben sei die Welt,
hat ein Mädchen vor dem Spiegel
mir enttäuscht und fest erzählt.

Dann sah sie in meinem Täschchen
eine Tube „Fabulon",
fand dabei mein „Astrid"-Fläschchen
und probierte gleich davon.

Lauter Unsinn, lauter Krempel!
Daß ich solchen Plunder kauf!
Sie gab allem ihren Stempel,
aber trug mein Rouge sich auf.

Legte Glanz auf ihre Lider
und schien mir auf einmal froh.
Aber dann begann sie wieder:
Männer sehn nur auf den Po,

sehn nur Busen und die Beine,
etwas andres sehn sie nicht!
Aber warum, meine Kleine,
schminkst du dir dann das **Gesicht**?

Die Stiefel

Ach, zwei Stiefel, weich und warm,
geben keine Ruhe,
stehen auf dem Ladentisch
im Geschäft für Schuhe.

Meine Hände wogen sie:
Federleicht zu heben,
selbst ein Nilpferd könnte wohl
in den Stiefeln schweben.

Aber mein Verstand sprach: Schluß,
bleib nicht länger stehen,
hast du doch den stolzen Peis
klipp und klar gesehen!

Kurzentschlossen ging ich fort.
Aber insgeheime
folgten mir die Stiefel nach,
stapfen durch die Träume.

Dezembersonntag

Das Jahr hat Lust, sich zu verkleiden
und im Dezember spielt es März.
Ich könnte es darum beneiden,
denn mir ist ebenso ums Herz.

Ich hab ein Kleid und schöne Schuhe –
doch, wenn ich angezogen bin,
weiß ich noch längst nicht, was ich tue,
wo lauf ich in **den** Schuhen hin?

Zwei Runden um die Häuserblöcke?
Das Dorf hinauf ein kleines Stück?
Ich bleib in meiner Sofaecke
und höre nun Balettmusik!

Jetzt tanzt Giselle in meinem Zimmer,
aus der Musik entsteigt ihr Bild.
Wie gut ist doch, daß sie noch immer
mir meinen Drang nach Freude stillt.

Es klingelt, deine Augen fragen –
Erstaunen wächst aus deinem Blick:
„Was, du willst fort?" Ich hör mich sagen:
Nein, nein, ich kam gerad zurück!

Hüll mich in deine Wärme ein

Hüll mich in deine Wärme ein.
Ich bin erschreckt und friere,
weil Sturm das Nachbarhaus durchfährt
und an den Fundamenten zerrt
und bis zu mir herüberschreit,
es gäbe keine Sicherheit!
Hüll mich in deine Wärme ein, wie gerne
würd ich sicher sein,
daß ich dich nicht verliere.

Komm, wärmen wir uns Seit an Seit.
Wir wollen uns behüten,
daß jemand da ist, der uns hält,
wenn uns ein Leid den Tag vergällt,
damit wir beieiander sind,
wenn kalt die Winterszeit beginnt.
Komm, wärmen wir uns Seit an Seit,
wir haben soviel Sicherheit,
wie wir uns selber bieten.

Dezember

Der Park schien mir ein verwunschenes Land.
Dort hab ich, im Nebel versunken,
den uralten Meister Dezember erkannt,
und er hat mich zu sich gewunken.

Er zeigte mir freundlich sein kunstvolles Werk:
Die lieben vertrauten Figuren,
die Eiche, die Erle, den Kopfweidenzwerg,
da standen sie nun als Skulpturen.

Als wären sie alle aus altem Metall,
mit Rost oder Grünspan bezogen.
Ich träumte wohl nur, daß mit munterem Schall
einst Vögel die Bäume durchflogen.

Noch niemals vorher war der Sommer so
weit!
Hier gab es nur toternstes Schweigen,
als tropfe den Bäumen das graugrüne Leid
wie Tränen herab von den Zweigen.

Ich dachte, so sieht nur die Ewigkeit aus,
nichts ändert mehr diese Skulpturen.
Der weise Dezember ging lächelnd hinaus –
und schon deckte Schnee seine Spuren.

Zuspruch

Schau selbst, laß dich nicht beirren.
Es wird niemals einfach sein,
Gut und Böse zu entwirren,
denn ganz eindeutig und rein
findet man sie nur im Märchen.
Außerdem sind „Recht" und „Unrecht"
von den Mächtigen gemacht,
und was gestern bitterernst war,
wird schon heut voll Hohn belacht.
Sei behutsam mit Gefühlen,
manchmal glänzen Lug und Tug.
Gaukler, die gern Götter spielen,
treiben vielleicht ihren Spuk.
Bitte glaub nicht, daß auf einmal
Irren nicht mehr menschlich sei.
Menschen fallen viel, viel tiefer,
irgendwo am Tier vorbei.
Wichtiger, zu allen Zeiten,
ist, wie man sich selbst verhält,
weil ein jeder Mensch Gewicht ist
für das Auf und Ab der Welt.

Impressum
1. Auflage 1997
Gudrun Dochow Verlag, Wittstock
Grafik: Elfi Fitz
Satz und Layout: Gudrun Dochow
Druck: Osthavelland-Druck GmbH, Velten
ISBN 3-9804795-2-8